unartproduktion

peter langebner

protokoll eines fußes

die *wirkliche unwirklichkeit* als umfeld eines fußes –
phantasievolles, bizarres und einfühlsames aus der
welt des fußballs *anders (ge)sehen*

mit illustrationen von oriana kosima langebner
und peter langebner

dieses buch widme ich ...

... allen frauen und männern die sich für fußball
    nicht interessieren
... allen frauen und männern die sich für fußball
    interessieren
... allen mädels und buben
    die *träumen* in vollen *stadien* zu *spielen*
    und *tausende menschen* ihnen zujubeln ...
... *tausende* ...

... meiner lieben frau daniela kapelari-langebner

besonderen dank an mag. ulrich gabriel von
unartproduktion

1. Auflage, September 2013
© Copyright by unartproduktion
A-6850 Dornbirn, Hatlerstraße 53
Telefon 0043 5572 23019
Fax 0043 5572 394719
office@unartproduktion.at
www.unartproduktion.at
Gestaltung: Werner Wohlgenannt, Dornbirn
ISBN: 978-3-901325-84-7

Inhalt

spiel

nach dem spiel ist vor dem spiel
ist nach dem spiel
ist vor dem spiel
nachspiel
vorspiel

vorspiel
nachspiel
ist vor dem spiel
ist nach dem spiel
nach dem spiel ist vor dem spiel
nachher

meiner tochter Oriana Kosima gewidmet

der ball

der
springende punkt

vor einem

hinter einem

auf einem

neben einem

durch
und durch

ein
springender punkt

und punkt

der ball platzt

der ball
ein drall

ums eine

und
andere mal

hupf
ball

ball
hupf
zerrupf
knall

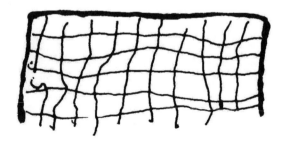

das internationale tor

das tor

die torlinie

eingang
zu einer

vernetzten
welt

**von oben bis unten
im dress**

aus
den
löchern

kopf
arme

rumpf
großes
loch

hinein

daraus
beine

füße
in die
beiden
tiefliegendsten öffnungen

zugeschnürt

leibchen

in das
loch
hineinschlüpfen

am anderen endes des loches
heraus

um
an einem
gegenüberliegenden
hinein
zu schauen

um
an einem weiteren
heraus

zu
schauen

die stutzen

stutzen
rutschen

kitzelnd
am schienbein

blaue flecken
heldenhafter merkmale

verletzend

vielleicht

es noch
einmal

erleben

zu wollen

für ein bisschen trost

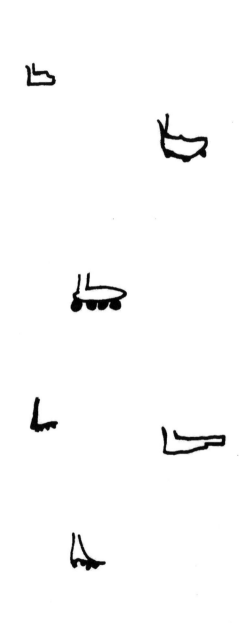

ein paar fußballschuhe

schuhe

links
rechts

stop
and
go

stoppel

go
and
stop

rechts
links

schuhe

fußballstoppeln

bürsten
beinhaare
ab

und
zu

den gegner
glatt

die spieler

zwei
und
zwanzig

knochen

kochen

ein
süppchen

mit
zwei
und
zwanzig

knochen

**das schiedsrichtertrio
mit schwarz-weiß gestreiften hemden**

ein
pfeifend
zebra
lernt
algebra

zwei
zebras
beißen
gras

aus
algebra
kann nichts werden

dem
alzebra
gehört die erden

der unparteiische
bei nationalratswahlen

wählt

in
rot

oder in
schwarz

oder in
blau

oder in
grün

die
pfeife

der charakter der ersten eckfahne

draußen
weit
draußen

bis dorthin
und
nicht weiter

ungehört

der charakter der
zweiten eckfahne

vis a vis

gelb

kleiner
gelber punkt

am schmetterlingsflügel

kindsauge

sehnsüchtiges

der charakter der
dritten eckfahne

ist
da

kein schreien ?

ungesehene

verzweifeltes
schweigen

unrecht

der charakter der
vierten eckfahne

die
letzte

oder auch nicht

(what happens)

stecke fest

sonst nichts

ersatz eckfahne & abseits

sie winkt

abschied

das gleis
wird
geschaltet

der zug
rollt

ins
abseits

eckstoss

zuerst
raus
finden

um
raus
zu
finden

aus dem

eck

der mittelkreis

gezeichneter ball
flächig

das
weiß durchgeschnitten
wie eine schnur

zu
groß wird
das feld

innerer verlorenheit

suchend

nach
grüner luftmatratze
in ravenna

am strand

den hula hoop
kreisend

gefu
nden
habe

sola
nge
laufe
ich
dage
gen

mentale vorbereitung
um
im konjunktiv berühmt zu werden

ich stell mir vor

dass ich
im kreis laufe
und es

einen

ausgang gibt

ich ihn

aber noch nicht
gefunden habe

solange laufe
ich
dagegen

bis mir

der durchbruch
gelingen könnte

ein vorbereitungsspiel

im
rasen
grasen

beim
grasen
rasen

rasen
nasen

taktik

von hinten
herauskommen

von unten
herauskommen

seit generationen

über den schatten
springen

aus den
festgezurrten umrissen
klammkalter hände
an einem

abfallend

leichter werdend

magisches kopfballtraining

der kopf
fällt
vom hals

schon wieder

schon mehrmals

schon öfters

immer wieder

wie eingeübt

bei jedem kopfball

einlaufen zur
ersten spielhälfte

geht
eine
türe
im dunkeln auf

keine
mauern

nirgendwo

auf den
gezogenen
weißen linien

blickfrei

vogelwild

zweite spielhälfte

mit dem rücken
zur wand

auf gemauert

los

lösen

umdrehen

ohne
klinke

zur türe
hinaus

auswechselung

„… irgendjemand steht
einmal
da draußen

neben der outlinie
auf der
einen seite

die auswechseltafel
in die höhe haltend

wo
deine nummer
steht

und
ein andrer für dich kommt…"

sagte
mir jemand

oder

hab ich
irgendwo gelesen

ich erinnere
mich nicht mehr genau

der tod
schreibt digital
an

erster ersatzspieler

ich bin *der*
bei dem man glauben könnte

er ist es
oder
er wäre es

dort gibt's *den*
oder nicht

oder

erst übermorgen

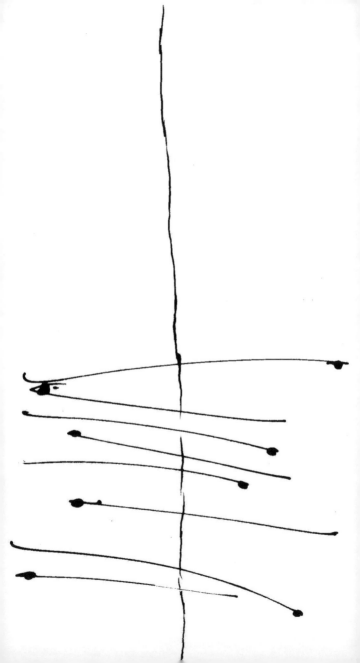

zweiter ersatzspieler

drinnen
draußen

draußen
drinnen

draußen
drinnen

drinnen
draußen

außen
drinnen

drinnen
außen

ein auswärtsspiel

gestrecktes
bein

rot
weiß
rot

im anflug

aua

spannung in der 12ten minute

hitchcock

vögel

zweiundzwanzig

der gegner

flirrende hitze

stille

bewegungslosigkeit

näher kommend

staub
dunkle
wolke

näher
nähe
nah

spiel mir das lied

fällt
die kugel
heraus

aus dem
tunnelblick

zweikampf
eine geräuschkomposition
ein kanon zum ganz laut kanonieren

hhhaaaaaa
ttschschsch
      rrrrrrrrrrrrrrrrr
      tzzzzz zzzzz
           krrrrrrr rrrrrrr
           ä ä ä ä ä ätzz
                tschrrrrrrrrrrrr
                rammm

foul da

einer steht auf

einer bleibt liegen

einer bleibt liegen

einer steht auf

foul dort

lauf

paul

lauf

jaul

auf

paul

lauf

fall

auf

paul

lauf

paul

fall
auf

     fall
     auf

          fall
          auf

paul lauf

abtransport von paul
mit krankenwagen

krankenwagen
hat
mutter verloren

rad
mutter verloren

komm mit

hilf mir

rad

mutter suchen

paul
sucht
mutter

findet
mutter

schraubt mutter ans rad

mutter
fährt
mit rad
davon

**schiedsrichter
mault spieler an**

drisch
dresch
drosch

dresch

flegel

ins out

aus
dem auge

rollt

                                       der ball

wie er
rollt
und
rollt

hinausrollt

einmal
um
die erde

hinausrollt

in den
schwerelosen zustand
eines blickes

einwurf

ein
wurf

ball
dreht
sich

flachhaltend

in den
dünnen
briefkastenschlitz

im strafraum

da

ist

da
da

ist

ameise

vergebener freistoß

darüber

daneben

daneben

darüber

unten
durch

freistoß
oder
unvorhergesehenes

konzentration

seitenblicke

aufs
tor
zum
schiedsrichter

großer tormann
kleines tor

tormannhände
länge
ohne ende

blick auf
den ball

es regnet leicht
es ist
ein warmer
frühlingsabend
auf der haut

ein baum
wächst vor dem tor

unvorhergesehenes ...

in die seite
unten hinein

erlegtes tier

im strafraum

... kommt auf

am elfmeterpunkt
eine
unüberwindbare hürde

seinem leben eine wendung zu geben

oder
eine

überwindbare wendung
seinem leben
eine hürde zu geben

der ball wird auf den elfmeterpunkt gelegt
oder
eine persönliche wechselbeziehung

ich
begegne mir

angstvoll

selbst
das *ich*

auf den punkt gebracht

ich
begegne mir

selbst

auf den punkt gebracht

das *ich*
angstvoll

elfmeter

der tormann
ist größer
als
das tor

der
tormann
ist breiter
als
das tor

der ball
rührte sich
nicht von der stelle

der schütze
vergaß plötzlich
beide füße

beim anlauf

zweiter elfmeter

der ball
ist größer
als
das tor

der
ball
wird
noch größer
als das tor

immer
noch größer
und größer
größer

der schütze
ist zu klein
um über
den ball
zu schauen

er sieht
das tor nicht

es scheint
windstill zu sein

dritter elfmeter
männlich

tritt

er

tritt

an

tritt

ein
tritt

vierter elfmeter
weiblich

tritt

sie

tritt

an

tritt

ein
tritt

ein fan in der ostkurve

„ich habe zu weihnachten gewartet bis mich
jemand abholt,
aber niemand ist gekommen!"

ein fan in der nordkurve

„ich bin pleite!"

ein fan in der südkurve
das stadion ins abendrot getaucht

„dann lag ich in der blutlache und hab den stich
überhaupt nicht gespürt!"

ein fan in der vip lounge

„ich denke wir werden das alles erledigen!"

ein fan in der westkurve

„ich denke ich bin erledigt!"

weiblicher fußballzauber

frau

verspielt

körperbetont

hexenschuss

trifft
schulterblatt

ruhender ball

ruhender ball

fünf schritte

fünf schritte

zurück
nicht ganz

aber doch

genau fünf
vielleicht

einen halben dazu
rückwärts

diese stelle
genau
an dieser stelle

haben sie

ihn

begraben

win vision

in einer woche

habe ich

gestern

das spiel

gewonnen

gesehen

einer netzt ein

ein mann
mit
nacktem
oberkörper

stand
vor
einem
weißen netz

er war
nicht so

wie
die
anderen

die dauernd
das glück
versuchten

er
rasierte sich
und

ging
durch

das weiße netz
hindurch

er ward
nie mehr gesehen

mittelfeldspieler

wird
vorgeschaut
stehe ich dort

wird
zurückgeschaut
stand ich da

jetzt stehe ich hier

solange

bis ich nicht mehr
da bin

bin schon
drüben

der mittelstürmer

der mittelstürmer
kann mit den zehen fühlen

mit dem rücken sehen

um die eigene achse
wirbelwinde auslösen

räume
aufmachen

mit den händen
unsichtbar

unspürbar
verschieben

formen

sein gegenüber

mit den
ohren
schlitze und spalten
herhören

schlitzohrig

sich selbst beobachtend
von oben

ein phantom

ein tor

drüben
herüben

hinüber
herüber

darüber

zurück
vor

tor

fallrückzieher

waagrecht

fallen

sturz

zwei fliegen

auf
ein gedicht

das netz

das netz
fängt den ball

er wäre
verloren gegangen

und so
können beide
mannschaften

wieder
weiter
spielen

gegeneinander

eins
zu
eins

**jause in der pause
für den bub**

auf butterbrot
zucker

senfbrot
ohne nichts

dicke
scheibe brot

apfel
dazu

nur der
stiel

bleibt übrig

**kraut
und
rüben
äcker**

vom tisch weg

jagen
den ball

in der schule
von der schule
davon
springen

übers feld

geklauter äpfel

stacheldraht

eingezäunte
freie natur

verzinkter
stachel

in das
fleisch

oberschenkel

lang
und
länger
lautlos geritzt

narbe
zeigt die
flucht
richtung

der rote saft
rinnt
endlos
abwärts

irgendwie scheint das
feld schief zu sein

nach dem spiel
am fluss

wasser
zur abkühlung

atem anhalten
durchtauchen

eintauchen
ins versteck

hintauchen
zu den frauen
mit den
weißen schenkeln

und
spürbar
die rosine auf der zunge

apnoisch

nachmittags
lang

bis die haut aufweicht

das phänomen
einer verletzten viererkette

das territorium
millimetergenau
abgeriegelt

zu langsam
oder
zu schnell

den raum
weitergerückt
in
die zeit hinein
gedrückt

nach vorne

nach hinten
zu offen

bohrt sich
das messer

millimetergenau
in das
loch

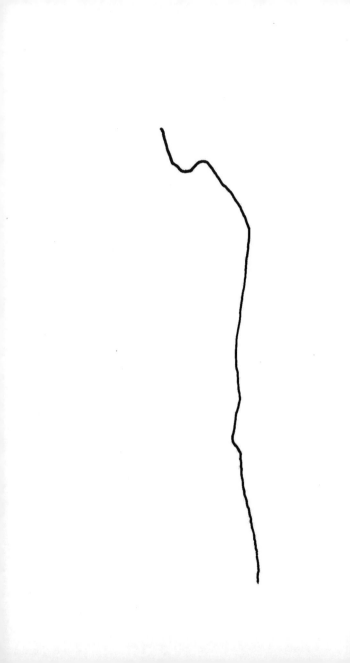

der tormann

wie er
hierher
gekommen ist
weiß niemand

er selbst
schon gar nicht

er
bewegt sich

auf
einer dünnen
linie

hin und her
kraftvoll

auf der linie

irgendwie
angekettet

balancierend

vor ihm

hinter ihm

abgrund

ein
lesender tormann
im tor

„… da

steh

ich nun

ich

armer

tor …"

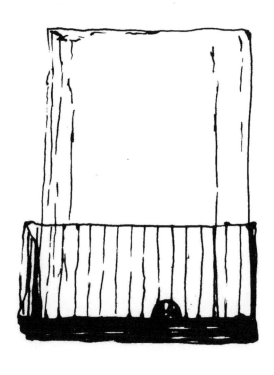

sololauf
auf den tormann zu
der ungewohnt
plötzlich
allein zu zweit ist

unheil

naht

nahtlos

nähte
platzen

tatzen
patzen

flutlicht

vollmond

oder
hell leuchtender
ball

durch
enge

führung

diktatur

befreiungsschlag

ein
raunen
geht durch die menge

niederlage

ich ziehe mich zurück
auf eine insel

und spiele

auf ein tor

gegen
mich

allein

eine weitere niederlage

stundenlang
verdauen

stundenlang
verdauen

stundenlang
verdauen

stundenlang

stunden
verdaut

stunde
um
stunde

rückstand aufholen

am
horizontstreifen

festhalten

das wasser
bis
zum hals

ausschlürfen

el classico
im TV

f i f f f f f

feiftoff

opas
gebiss
schwebt

freesby
ähnlich

in die
potato chips schale
davor

der enkel
griff

und jetzt
volle spannung

in die
potato chips schale

führt
das gebiss
blindlings
in
seinen mund

der freistoss
wurde verwandelt

im herbst spielen

senkt sich
die farbe

hinter papierlandschaft

durchsichtig

im vordergrund
drängt
dunkelviolett
nach oben

unnachgiebig
schweißtreibend
durch
die landschaft

bis dunkelheit
einen packt
am arm

enger
und
enger

zu
einer kugel
formend

liegt
die ganze nacht
darin

im tau
tropfen

herbstsaison

blättern
in der zeitung

stieren
augen
gierig
nach dem ball

auf den
weiteren seiten

„ich will mit dem leben
noch nicht so schnell
fertig werden!"

ruft einer
verzweifelt
dazwischen

auf der
letzten seite
ist
schluss

spiel im winter

schnee
rieselt durch

schlüsselloch
einwärts

in die
blauen augen

kalt

gefrorene
fäustlingsspitzen

zitternd

die zungenspitze

den süßen
warmen rotz
von der
oberlippe schlürfend

fröstelnd

kalter schlüssel
um
den
hals

legionäre im allgemeinen

(beim fluchen vergebener chancen)
oder *überhaupt* ...

poln.:	psiakrew
rumä.:	ce draku
russ.:	tschjort pabir
tschech.:	zatracenej
dän.:	kraftedeme
schwed.:	fordömt
span.:	hostia puta
finn.:	perkele
islän.:	bölvadur
niederl.:	gedoemt
engl.:	fuckin hell
türk.:	ölçüsüz
slow.:	do frasa
ital.:	porco dio
portug.:	contenado
ungar.:	mindensegit
fran.:	sacre
bayr.:	zezifix, halleluja, sog i
österr.:	bist du deppat

legionäre in europa

so
viele füße

sagen nichts

sprachlos

heimatlos

mit
beiden beinen

auf
dem boden

protokoll eines fußes

schau
blau

rauh

drum
herum

krumm

das wunder vom „bären"

regen

es regnet stark

es regnet noch stärker

die richtigen schuhe an

unübersichtlich

„von links

ist das auto gekommen
vor dem
‚gasthaus bären'

… fährt einfach durch mich hindurch …"

erzählt er

den sportteil in der hand

die mannschaftsaufstellung der italienischen jahrhundertelf
5 – 4 – 1

omerta

rosso
coniglio
cinghiale
asino
olivo

prosciutto
pomodori
pesto
presto

subito

alenatore (trainer): mani pulite

la gomera
eine transformation

springt
der ball

ins meer
auf den
kopf

einer
meeresschildkröte
ping

zurück
auf den
kopf
eines spielers
pong

zurück
zur meeresschildkröte
ping

zurück
auf den
kopf
eines spielers
pong

zurück
zur meeresschildkröte

    ping
      pong

    pong
      ping

    ping
      pong

ruanda

der
kleine junge

am
torpfosten
lehnend

den ball
bei sich
daneben

bewegungslos

niemand weiß
woran
die kuh starb

sie
liegt einfach da

seine verantwortung
ist tot

er legt
sich auf den boden

schläft ein

ruhengeri
ruanda, virunga

vierundfünfzig ist er

dreiundfünfzig geschwister hat er

sein
vater
mit acht frauen

die besten
werden von den *muzungus*
weggekauft
ins weiße land

to cheap
very cheap

wie chicken
chip chip

dann werden sie
geschlachtet

das blut

fließt

nicht mehr

nach afrika
zurück

erde trocknet aus

kigali stadion
genozid 1994

blutrot
sonne

rotes blut

hinter
der sonne

es keine grenzen gibt

fließender
roter übergang

rollt
die sonne
blutrot

vor die füße

fants du mauvais souvenir
zu den kindern der schlechten erinnerung

bhutan

den
ball

unter dem
pullover
damit ihm nicht kalt wird

von

weit
weit

unten

müde
über
blendendes schneeweiß

steil
dem
tief
blauen himmel entgegen

zehntimetergenau
vor die füße

tansania

der ball
tupft

auf die
verbrannte erde

flächendeckend

heißer atem

leiser atem

zanzibar

january

stone town

independent day
friendship play

driver say

"aids contra malaria"

they say
independent day

pemba island

der
ball hüpft

hüpft da
hüpft dort

hüpft hüpft

kinderstimmen

links rechts
rechts links

lauter

hinter
irgendwo
und überall

durcheinander

hohe
stimmen

singen
hinaus
übers meer

die weißen
vögel ziehen
weiter

zigoti
district kampala (uganda)

blattgrün
eigelb
sandgelb

kommt
blau dazu

von links
leibchen rot

zwischen eukalyptusbäumen

kommt
jimi hendrix
leibchenmitte
keuchend

dann
marriedviolett smaragdgrün steppenbraun cleanweiß

colours in the sky

so heißt das spiel

der tanz
der
leibchen

könnte es auch heißen

im waisenhaus

samia yusuf oman
somalia, sizilien 2012; eine ode an samia

„ich bin sprinterin
ich renne gegen den hass in meinem land
und um meiner familie zu helfen
ich war fahnenträgerin für somalia
in peking, olympische spiele 2008
ich habe mir als siebzehnjährige meinen start gegen
den widerstand
meiner muslimischen heimat erkämpft ...

... jetzt bin ich einundzwanzig

über das meer

gehen

sprinten

ist mein traum
um
london 2012
herum

ich bin jetzt einundzwanzig
das boot ist voll

hoffnung

am canal von sizilien

letzte bin ich geworden
im 200 meter lauf
zweiundreißig komma sechzehn sekunden in peking
persönliche bestzeit
vom publikum gefeiert

für die ewigkeit

ich höre
das nie enden wollende
klatschen

bis in die tiefe des meeres"

kräuselnde wellen
zeichnen
kräuselnde wellen
im wasser

totenmaske bildend

fiji
suva

isa lei
bau nanuma na nodatou lasa

o vergiss nicht, wenn du weit weg bist
o vergiss nicht, wenn du weit weg
o vergiss nicht, wenn du weit
o vergiss nicht
o vergiss
o

zurück
augen
blick

klick

ist

zurück

ugenblick

verpasster augenblick

verpasst

augenblick
ich hol ihn
zurück

augenblick
blick
klick

ist
zurück
augenblick

während eines augenblickes fiel ein tor

manche behaupten
es war ein tor

manche behaupten
es war keines

keiner kann sagen

was in jenem augenblick
vorging

der sieg

ich ziehe mich auf eine insel zurück

und
lass mir
durch den kopf
gehen

wie ich es
wieder einmal
geschafft habe

mich selbst
zu besiegen

fußballspiel im (introspektiven) minutentakt

prolog

in der 1sten minute	das spiel wird in 2. schienbein-hälften angepfiffen
	zu sechs in zweimal drei bier
in der 2ten minute	ein schatten
	lungen
	flügel
	rechts
	stürmt
in der 3ten minute	zuviel haare an den beinen
in der 4ten minute	die wurst fällt vom deckel
	brot bröselt
	brauner senf
	schmiert das hemd
	ein raunen geht durch die menge
in der 5ten minute	keine haare an den beinen
in der 6ten minute	fans fordern den verletz-ten gegner zu „recycln"
in der 7ten minute	zwei
	kampf
in der 8ten minute	wein
	krampf
in der 9ten minute	knochen gegen knochen
in der 10ten minute	knochenhart
in der 11ten minute	ins netz geknocht
	eins
	null

in der 12ten minute	ein schluck
	schweiß
in der 13ten minute	das bier
	in den kragen
	dem richter
	an der linie
	dem linienrichter
	in letzter instanz
	bier
in der 14ten minute	hopp
	buhh
	ahhh
	hurraa
in der 15ten minute	foul
in der 16ten minute	trara
in der 17ten minute	liegt am boden
	recycling
in der 18ten minute	fraktal
in der 19ten minute	welle
in der 20sten minute	delle
	in birn
in der 21sten minute	konvex
	rot
in der 22sten minute	konkav
	blaues auge
	rot gesehen

in der 23sten minute	mental
in der 24sten minute	egal
in der 25sten minute	lage
in der 26sten minute	legionär legal
in der 27sten minute	atmung
in der 28sten minute	verkehrtherum
in der 29sten minute	vakuum

eins
eins

in der 30sten minute	verdurstigkeit
in der 31sten minute	ein spieler
	verschwunden
in der 32sten minute	die ewig wiederkehrende minute
	wie alle anderen
	als hätte der tag
	die *33ste minute*
	übergangen
in der 33sten minute	die sonne scheint
in der 34sten minute	als hätte es vor der
	34sten minute
in der 35sten minute	keine *31ste minute*
	gegeben
in der 36sten minute	in dieser rasenglätte
in der 37sten minute	das kurzzeitgedächtnis
in der 38sten minute	den spieler vergisst
in der 39sten minute	wer ?

in der 40sten minute	in der 2ten hälfte
	als ganzes
	erst wieder spielen lässt
in der 41sten minute	spannung
in der 42sten minute	strom
in der 43sten minute	kraft
in der 44sten minute	saft
in der 45sten minute	**vorhang**
	pause verdurstigkeit

epilog

in der 46sten minute	aufgewärmt
in der 47sten minute	kalte dusche
in der 48sten minute	**eins**
	zwei
	eigentor
in der 49sten minute	einfach nach hause gegangen
	apraller
	zwei linke füße
	beide nach rechts schauend
	der ball von links
in der 50sten minute	druck
	fuß
in der 51sten minute	liaison
	mit
	läsion

in der 52sten minute	nicht bei der sache
in der 53sten minute	schnecken
	lecken
in der 54sten minute	tropfen
in der 55sten minute	kecken grashalm
in der 56sten minute	schmecken
in der 57sten minute	schiedsrichter
	früher ledig
	heute geschieden
in der 58ten minute	der tag ist nicht derselbe
	wie in der *30sten minute*
	und das darin befindliche
	spiel
in der 59sten minute	den tag
	neu
	zu erfinden
in der 60sten minute	werden minuten
	im minutentakt
	eingesetzt
in der 61sten minute	die nicht dieselben sind
	wie die vorigen
in der 62sten minute	nicht dieselben wie die
	kommenden
in der 63sten minute.	auch schon vorbei
in der 64sten minute	wie auch einige
	ausgetauscht werden

in der 65sten minute	ab der *70sten minute*
in der 66sten minute	erst dann
in der 67sten minute	überblick
in der 68sten minute	neu(r)orientierung
in der 69sten minute	und
	zwei augen
	sehen
in der 70sten minute	zwei augen
	hinter den
	vorderen augen
in der 71sten minute	nach vor
in der 72sten minute	daraufschauend
	grossflächig
in der 73sten minute	türen aufmachen
	zum durchgehen
	ohne bedrängnis
in der 74sten minute	in abständen
in der 74sten minute	durch abstände
in der 76sten minute	die in der *70sten minute*
	ausgetauschten
in der 77sten minute	anzutippen
in der 78sten minute	tut sich hervor
in der 79sten minute	solo
in der 80sten minute	für alle

zwei
zwei

in der 81sten minute	neuanfang
in der 82sten minute	dorthin
in der 83sten minute	zwischen
in der 84sten minute	gespannter
	parallellinien
in der 85sten minute	geradeaus
in der 86sten minute	am mittelpunkt vorbei
in der 87sten minute	peripherer möglichkeiten
	flügelwachsend
	unerwartet

drei

zwei

in der 88sten minute	neuanfang
in der 89sten minute	wie aufhören
in der 90sten minute	endlos

ändert sich die sprache
minuten

weitergehen
auf zwei füßen

spielschluß
oder
sekunden
sterben

minuten

sekunden

um sekunden
sekunde
um sekunden
sekunde

dauert
eine ewigkeit

es kann sich nur um sekunden handeln

es kann sich nur um sekunden handeln

es kann sich nur um sekunden handeln

ewig

In der Reihe DIE KLEINEN
von unartproduktion erschienen:

Verschreibungspflichtig
> Lektüre zum Kranklachen und Gesundlesen.
> Ausgewählt von Ulrich Gabriel und Wolfgang Mörth.

Fröhliche Weihnachtl
> Ein literarischer Adventführer mit 100-jährigem
> Geschenkskalender.
> Zusammengestellt von Wolfgang Mörth.

Uns zerklemmt die Weltlochlast
> 77 lustige und halblustige Gedichte von bekannten
> und weniger bekannten Verfassern.
> Ausgewählt von Philibert Ferkel.

Ein Samurai am Kriegerhorn
> Sagen zum Lesen und Wandern von Daniela Egger.
> Illustriert von Daniel Nikolaus Kocher.
> Erschienen in 4 Fassungen: deutsch, englisch,
> spanisch, italienisch.

Auf den Spuren der Walser am Tannberg
> Von Olaf Sailer.

Caro Curtzio! Mon cher Popaul!
> Der E-Mail Wechsel 2004/2005 zwischen
> Kurt Bracharz und Paul Renner

Der Steward hätte die Tür nicht öffnen dürfen
> Erzählung von Daniela Egger

Tagebuch einer Operation
> Von Andreas Gabriel.
> Mit 8 Illustrationen von Gottfried Bechtold

Beam me up, Scotty!
> 99 kuriose und verblüffende Geschichten aus der
> Welt der Wissenschaft. Von Rudolf Öller.
> Mit 16 Zeichnungen von Gottfried Bechtold

www.unartproduktion.at